AF362378

MONNAIES

GRECQUES, ROMAINES

MÉDIÉVALES ET MODERNES

CONDITIONS DE LA VENTE

La vente aura lieu au comptant.

Les acquéreurs paieront *dix pour cent* en sus des adjudications.

L'authenticité des pièces est garantie.

L'exposition mettant les acheteurs à même de juger de *l'état* des pièces cataloguées, aucune réclamation ne sera admise aussitôt l'adjudication prononcée, sauf le cas d'erreur matérielle ou d'authenticité contestée.

Les experts se chargent aux conditions habituelles (5 °/₀ sur la limite) des commissions qu'on voudra bien leur confier.

Paris. — Imp. Georges Petit. — 15213-05.

CATALOGUE

DES

MONNAIES

GRECQUES, ROMAINES

MÉDIÉVALES ET MODERNES

PROVENANT DE LA

Collection de M. GUILHOU

ET DE DIVERSES AUTRES COLLECTIONS

DONT LA VENTE AURA LIEU A PARIS

HOTEL DROUOT, Salle N° 7

Le Lundi 20 Mars 1905

à 2 heures

COMMISSAIRE-PRISEUR

Mᵉ PAUL CHEVALLIER

10, rue Grange-Batelière, 10

EXPERTS

M. A. SAMBON

6, rue de Port-Mahon, 6

MM. C. & E. CANESSA

19, rue Lafayette, 19

EXPOSITION PUBLIQUE

Le Dimanche 19 Mars 1905, de 2 heures à 6 heures

DÉSIGNATION

PREMIÈRE PARTIE
Collection de M. Guilhou

ESPAGNE

1 — Trois pièces d'argent à légendes celtibériennes.

GRÈCE

2 — **Iles de Thrace**. Thasos. *Didrachme*. Satyre agenouillé tenant dans ses bras une nymphe. ℞. Carré creux. 2 p. Ar. T. B.

3 — **Macédoine**. Lete. *Didrachme*. Satyre et nymphe. ℞. Carré creux. Ar. T. B.

4 — Alexandre le Grand. *Statère*. Or (fourré). T. B.

5 — Alexandre le Grand. *Tétradrachme* à l'inscription : ΒΑΣΙΛΕΩΣ ΑΛΕΞΑΝΔΡΟΥ — ΔΙ. (Müller, n° 550.) Ar. T. B.

6 — **Attique**. Athènes. *Tétradrachme archaïque*. Tête d'Athéna. ℞. ΑΘΕ (*sic*). Chouette. Ar. T. B.

7 — **Iles voisines de l'Attique**. Égine. *Didrachme*. Tortue. ℞. Carré creux. Ar. T. B.

ASIE

8 — **Lydie**. *Créséide*. Protomés d'un lion et d'un taureau affrontés. ℞. Aire creuse. Or. T. B. (Pl. I, n° 2.)

9 — **Perse**. Achéménides. *Darique*. Or. T. B.

10 — **Satrapes de Cilicie**. *Didrachme*. Baal-tars assis à gauche, sur un trône ; devant lui, un épi et une grappe de raisin, sous le trône, T. (Tarse). ℞. Tête casquée de Pallas, vue de face. Ar. T. B. (*Num. Chron.*, 1884, pl. VI, 4.)

ITALIE

11 — **Campanie**. Au nom de Rome. *Didrachme*. Tête d'Hercule. ℞. Louve allaitant les Jumeaux. Ar. T. B.

12 — **Lucanie**. Métaponte. *Diobole* ME. Épi en relief. ℞. Tête de bélier en creux. Ar. T. B.

13 — **Latium**. Aes grave, 2 p. Æ. T. B.

SICILE

14 — Syracuse, 3 p. Æ. B.

GAULE

15 — Allobroges. Tête d'Apollon, à dr. ℞. Chamois ; symboles, roue et rameau. 3 p. Ar. T. B.

16 — Divitiac, roi des Suessiones (?). *Statère d'or*. Tête à dr. ℞. Char traîné par un cheval à tête humaine ; au-dessous sanglier ; devant, ΔE. Or pâle, T. B.

17 — Armoricains. *Statère d'or*. Or. B.

18 — Parisiens. *Statère d'or* à large flanc. Tête à dr. ℞. Cheval. (H. de la Tour, *Atlas*, n° 7.777.) Or. T. B.

19 — Parisiens. *Quart de statère*. (H. de la Tour, *Atlas*, n° 7.804.) Or. T. B.

20 — Parisiens. Autre. (H. de la Tour, *Atlas*, n° 7.796.) Or. T. B.

21 — Atrébates. *Statère d'or.* Chevelure. ℞. Cheval à dr. ;
globules dans le champ. Or. T. B.

22 — Morins. *Statère.* Protubérance ronde. ℞. Cheval ; dans
le champ, croissant, globules et traits. (Blanchet, p. 340.)
Or. T. B.

MONNAIES ROMAINES

23 — Marc-Antoine et Cléopatre. *Denier.* ANTONI ARMENIA
DEVICTA. Tête à dr. ; derrière, tiare. ℞. CLEOPATRAE
REGINAE REGVM FILIORVM REGVM. Buste de Cléo-
pâtre, à dr. Ar. B. (Pl. II, nᵒ 23.)

24 — Auguste. *Aureus.* Sans légende. Tête nue à dr. ℞. AV-
GVSTVS. Capricorne, à dr. (Cohen, 20.) Or. T. B. (Pl. I, nᵒ 1.)

25 — Livie. *M. B.* IVSTITIA. Buste à dr. ℞. TI. CAESAR DIVI
AVG. F. AVG. P. M. TR. POT. XXIII. Au centre : S. C.
Æ. T. P. (Pl. I, nᵒ 5.)

26 — Tibère. *Aureus.* TI. CAESAR DIVI AVG. F. AVGVSTVS.
Sa tête laurée, à dr. ℞. PONTIF. MAXIM. Livie, assise, à dr.
(Coh., 15.) Or. F. D. C.

27 — Tibère. *Aureus.* TI. CAESAR DIVI AVG. F. AVGVSTVS.
Sa tête laurée à dr. ℞. TR POT XVII. IMP VIII. Tibère
dans un quadrige à dr. (Cohen, 47.) Or. F. D. C.

28 — Vespasien. *Aureus.* IMP. CAESAR VESPASIANVS AVG.
Sa tête laurée, à dr. ℞. IMP. X̄IIII. Taureau cornupète
à dr. (Trouvaille de Boscoreale.) Or. F. D. C. (Pl. I, nᵒ 3.)

29 — Vespasien. *Aureus.* IMP. CAES. VESP. AVG. P. M,
COS. ĪĪĪĪ. Sa tête laurée à dr. ℞. VIC. AVG. Victoire, à dr.,
sur un globe. (Trouvaille de Boscoreale. Cohen, nᵒ 586.)
Or. F. D. C. (Pl. I, nᵒ 4.)

30 — Domitien. *Aureus.* CAESAR AVG. F. DOMITIANVS. Sa tête laurée, à dr. ℞. COS. V. Sarmate à genoux, à dr., présentant une enseigne militaire. (Trouvaille de Boscoreale. Cohen, n° 48.) Or. F. D. C. (Pl. I, n° 6.)

31 — Marc-Aurèle. *Aureus.* ℞. CONCORDIAE AVGVSTOR. TR. P. XVI. COS. III. Marc-Aurèle et Lucius Verus debout. se donnant la main. (Cohen, 70.) Or. B.

32 — Annius Verus. Tête à dr. ℞. S. C. dans une couronne de laurier. 2 p. Æ. T. B.

33 — Sabine. *G. B.* SABINA AVGVSTA HADRIANI AVG. Buste à dr. ; derrière, l'estampille des ducs de Modène. ℞. CONCORDIA AVG — S. C. La Concorde assise, à g. G. B. T. B.

> Superbe exemplaire, provenant de la collection des Este, ducs de Modène.

34 — Septime Sévère. *Aureus.* SEVERVS PIVS AVG P. M. TR. P. VIIII. Tête laurée à dr. ℞. AETERNIT IMPERI. Bustes affrontés de Caracalla et Geta. Or. T. B. (Pl. I, n° 7.)

35 — Septime Sévère. *Aureus.* SEVERVS PIVS AVG PM. TR. P. X. Buste lauré à dr. ℞. FELICITAS SAECVLI. Buste, de face, de Julie Domna, entre les bustes de profil de Geta et Caracalla. Or. T. B. (Pl. I, n° 8.)

36 — Septime Sévère. *Aureus.* SEVERVS PIVS AVG. Tête laurée à dr. ℞. VIRTVS AVGVSTORVM. Septime Sévère, Geta et Caracalla, à cheval, galopant vers la g. Or. T. B. (Pl. I, n° 9.)

37 — Constantin le Grand. *Aureus.* CONSTANTINVS P. F. AVG. Tête laurée, à dr. ℞. FELICITAS REIPVBLICAE —

PTE. L'empereur assis à g., sur une estrade, entre deux officiers ; au bas de l'estrade, trois suppliants. Or. F. D. C. (Pl. I, n° 10.)

Très rare.

38 — Constantin le Grand. *P. Br*. POP. ROMANVS. Buste à g. du Peuple romain. ℞. Dans une couronne, étoile et CONST. 2 p. Æ. T. B.

39 — Julien l'Apostat. *Solidus*. FL. C. L. IVLIANVS. P. F. AVG. Buste à dr. ℞. VIRTVS EXERCITVS ROMANORVM — CONSP. Mars portant un trophée et traînant un captif. Or. F. D. C.

40 — Julien l'Apostat. *P. Br*. DEO SERAPIDI. Bustes accolés de Serapis et Isis. ℞. VOTA PVBLICA. Isis allaitant. Æ. T. B.

41 — Julien l'Apostat. *P. Br*. DEO SERAPIDI. Buste de Serapis à dr. ℞. VOTA PVBLICA. Anubis. Æ. T. B.

42 — Sévère III. *Solidus*. DN LIBIVS SEVERVS P. F. AVG. Buste à dr. ℞. VICTORIA AVGGG — CONOB. L'empereur debout, tenant d'une main une haste crucigère et foulant aux pieds un serpent à tête humaine. (Cohen, 8.) Or. F. D. C.

43 — Théodose Ier. *Solidus*. DN. THEODOSIVS P. F. AVG. Buste à dr. ℞. CONCORDIA AVGGG — CONOB. Figure assise tourrelée.

EMPIRE D'ORIENT

44 — Maurice Tibère. *Sou d'or*. Or. F. D. C.

45 — Justinien II. *Tiers de sou*. Or. F. D. C.

46 — Constantin II et Constantin Pogonat. *Sou d'or*. Bustes
de deux Augustes. ℞. VICTORIA AVG — Θ — CONOBC.
Les deux empereurs de chaque côté d'une croix. Or. F. D. C.

47 — Michel IV le Paphlagonien. *Sou d'or*. Buste de face du
basileus. ℞. IC-XC. Buste du Christ. Or. T. B.

48 — Constantin XII. *Sou d'or*. Buste du basileus, de face.
℞. Buste du Sauveur, de face. Or (troué). B.

49 — Romain IV et Eudocie. *Sou d'or*. RѠMAN — ЄVΔIOKIA.
Le Christ couronnant Romain IV et Eudocie, debout à ses
côtés ; dans le champ, IC-XC. ℞. KѠN MX ΛNΔ. Trois
figures debout. (Sabatier, 4.) 2 p. Or. F. D. C.

50 — Manuel Ier Comnène. *Sou d'or*. MANVHΛ ΔЄCΠOTH TѠ
ΠOPΦVPOΓNHT. Le despote debout. ℞. + KЄ BOHΘЄI —
IC-XC.. Buste du Sauveur. (Sabatier, 3.) Or. F. D. C.

51 — Jean l'Ange. *Sou d'or*. IѠ ΔЄCΠOTH — MP-ΘY. Bustes
du basileus et de la Vierge tenant une croix. ℞. IC-XC.
Le Christ assis, de face. (Sabatier, 1.) Or. B.

52 — Michel VIII Paléologue. *Sou d'or*. Le despote agenouillé
devant le Sauveur assis ; derrière, l'archange Michel.
℞. La Vierge assise. 2 p. Or. T. B.

53 — Lot de deniers de la République et du Haut-Empire :
Tibère, Marc-Aurèle, Faustine, Julie Domna, Plautille,
Julia Soemia, etc. Ar. B.

54 — Lot de deniers et de siliques du Bas-Empire et byzantins. Ar. B.

55 — Lot de grands bronzes, moyens bronzes et petits bronzes,
de l'Empire romain.

LES BARBARES

Francs et Alemans.

56 — Cinq imitations barbares de sous d'or d'Anastase. 5 p.
Or. F. D. C.

57 — Deux imitations barbares d'un tiers de sou de Justin.
Or. F. D. C.

58 — Imitation barbare d'un tiers de sou de Justinien II. Or.
F. D. C.

59 — Cité des Ruthins (Rodez). *Tiers de sou.* Tête à dr.; devant,
une palme. ℞. Lég. circ.: VENDEMIVS. Monogr.: *Rutenus.*
Or. T. B.

MONNAIES ROYALES

60 — Carolingiens. Tiers de sou d'or frappé à Bénévent. Or.
T. B.

61 — Lot de sept deniers : Charlemagne, Charles le Chauve,
Louis II, Charles le Gros. Ar. F. D. C.

62 — Capétiens. Gros tournois et mailles de Louis IX, Philippe VI, Charles V, etc.

63 — Imitation de l'agnel d'or de Louis X le Hutin. Or. T. B.

64 — Philippe VI de Valois. *Chaise d'or.* (Hoff., 14.) Or. T. B.

65 — Philippe VI de Valois. *Écu d'or.* (Hoff., 3.) Or. F. D. C

66 — Philippe VI de Valois. *Florin-Georges.* + PHILIPPVS ⁎
DEI ⁎ GRACIA ⁎ FRANCORVM ⁎ REX. St-Georges à cheval

à gauche, terrassant le dragon. ℞. + XPC. VINCIT, etc. Croix feuillue dans une épicycloïde accostée d'écussons fleurdelisés. Or. F. D. C.

67 — Jean le Bon. *Royal d'or.* (Hoff., 7.) Or. T. B.

68 — Charles V. *Franc à pied d'or.* (Hoff., 2). Or. T. B.

69 — Charles V. *Cavalier d'or.* (Hoff., 4.) Or. T. B.

70 — Charles V. *Écu d'or.* (Hoff., 4.) Or. T. B.

71 — **Duché de Bretagne.** Anne (1488-1491). (Annelets et moucheture d'hermine.) ANNA · D · G · FRAN · REGIA ET BRITONVM : DVCISSA : N. La reine assise de face. ℞. *(moucheture d'hermine)* SIT · NOMEN · DOMINI *(m. d'hermine)* BENEDICTVM *(m. d'hermine)* N. Croix feuillue, accostée de quatre mouchetures dans un quadrilobe. Or. T. B.

72 — **Duché d'Aquitaine.** Édouard III (1317-1355). *Guennois d'or.* ED' · D · GRA · REX · AGLIE · DV · AQITA. Le roi sous un portail gothique ; à ses pieds, deux léopards. ℞. + GLIA IN EXCELSIS, etc. Croix feuillue, cantonnée de deux lis et de deux léopards dans une épicycloïde. Or. T. B.

73 — Édouard III (1317-1355). *Noble d'or.* EDWARD · DEI · GRA · REX · ANGL · DNS · HYB · Z · AQT · Le roi armé, tenant l'épée et l'écu, debout, de face, sur un navire. ℞. + IHC · AVTEM · TRANSIENS, etc. Croix feuillue, cantonnée de léopards couronnés. Or. T. B.

74 — Édouard, dit le Prince noir (1355-1375). *Hardi d'or.* + ED · PO · GNS · REGIS · ANGLI · PNS · AQVITA. Le prince à mi-corps, de face, tenant l'épée, dans une épicycloïde. ℞. + AVXILIVM MEVM A DOMINO. Croix feuillue, cantonnée de deux léopards et de deux lis dans une épicycloïde. Or. F. D. C.

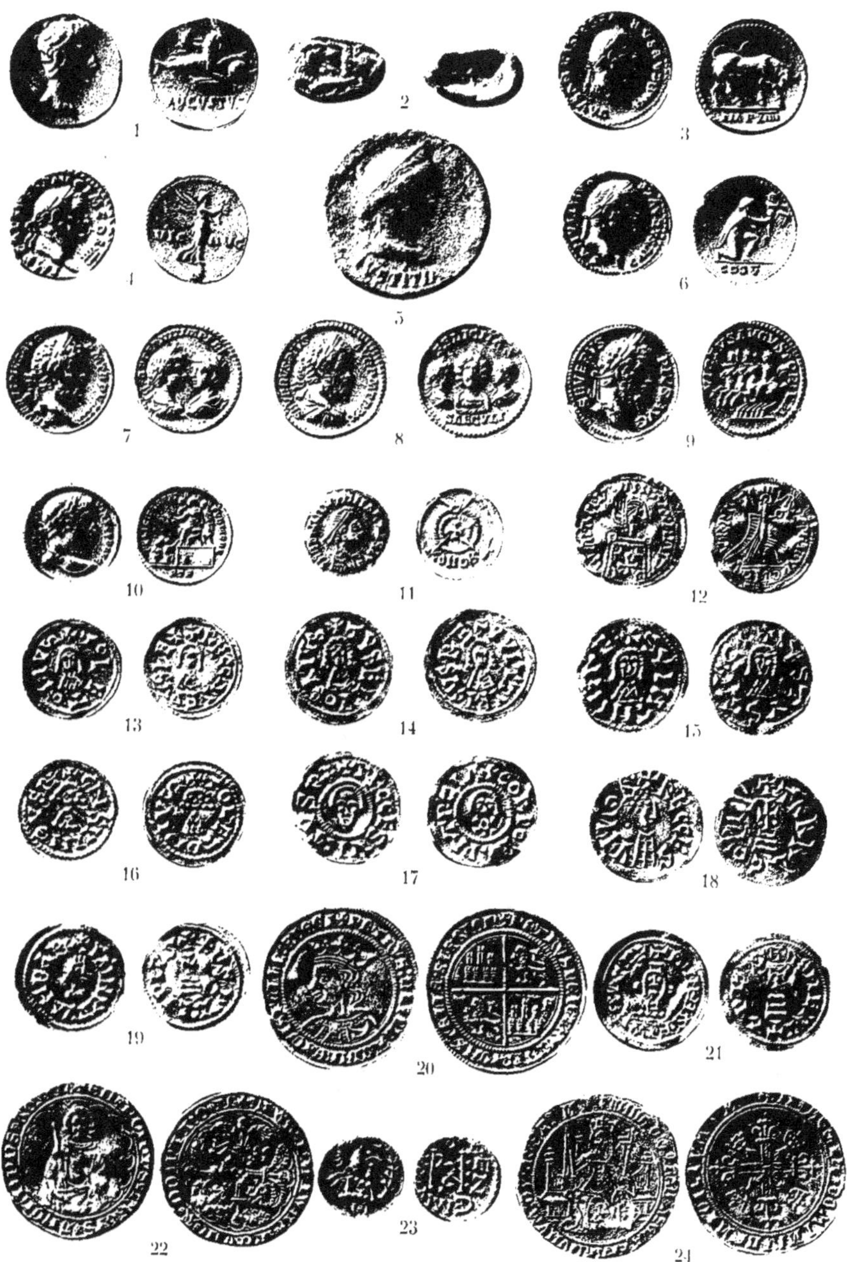

ESPAGNE

75 — **Visigoths**. *Tiers de sou.* ƆII IIƆIVTIΛII IIΛIIVS ꟼΛC·
Buste à dr. ℞. Croix dans une couronne ; à l'exergue :
CONOB. Or. F. D. C. (Pl. I, n° 11.)

76 — Quatre imitations visigothes de tiers de sou byzantins
(époque de Léovigilde). Or. T. B. (Pl. I, n° 12.)

77 — **Rois Visigoths**. Reccarède Ier (586 - 601). Tolède.
+ RECCΛREDVS · REX. Buste de face. ℞. + TOLETO PIVS.
Buste de face. (Heiss, III, 39.) Or. F. D. C. (Pl. I, n° 13.)

78 — Wittéric (603-610). Elvora. + VVITTIRICVS RE. Buste
de face. ℞. IVS + TVS ELVORA. Buste de face. (Var. de
Heiss, IV, 12.) Or. F. D. C. (Pl. I, n° 14.)

79 — Svinthila (621-631). Acci. + SVINTHIL ∴ RE ∴. Buste
de face. ℞. + IVSTVS · ACI. Buste de face. (Heiss, V, 1.)
Or. F. D. C. (Pl. I, n° 15.)

80 — Chindasvinthe (642-659). Tolède. + CHINΔASVINƟVS R.
Buste de face. ℞. + TOLETO PIVꟺ. Buste de face. (Heiss,
VIII, 21.) Or. F. D. C. (Pl. I, n° 16.)

81 — Reccesvinthe (653-672). Tarragone. + RECCESVINƟ R.
℞. Buste à dr. ℞. + TARRACO PIV. Croix accostée de
deux globules et surmontant trois degrés. (Heiss, IX, 11ᵃ.)
Or. F. D. C. (Pl. I, n° 17.)

82 — Reccesvinthe. Cordoue. + RECCESVINTVS. R. entre
deux cercles de grènetis ; au centre, une tête de face.
℞. + CORDOBA PATRICIA entre deux cercles de grènetis ;
au centre, une tête de face et annelet étoilé. (Heiss, VIII, 2.)
Or. T. B. (Pl. I, n° 18.)

83 — Wamba (672-680). Séville. + i·a·inm vamba. R. Buste
à dr. ℞. + (*étoile*) ISPALI PIVS. Croix sur trois degrés.
(Heiss, IX, 4.) Or. F. D. C. (Pl. I, n° 19.)

84 — Ervigius (680-687). Merida. I·D·IN MN ERVICIVS R.
Tête de face sur une croix. ℞. + EMERITA PIVS. Croix.
(Heiss, IX, 5.) Or. F. D. C. (Pl. I, n° 21.)

85 — **Rois de Castille et de Léon.** Pierre Ier. *Double ducat.*
+ PETRVS·DEI·GRACIA REX CASTELLE. Buste à g. ℞.
PETRVS DEI GRACIA REX CASTELLE E ISGLON.
Armes de Castille et Léon. (Heiss, pl. VII, n° 2.) Or. F.
D. C. (Pl. I, n° **20.**)

86 — Pierre Ier. (Heiss, VII, n° 7.) Ar. T. B.

87 — Jean II, roi de Castille. *Double ducat.* IOHANES DEI
GRACIA · REX · CASTELL. Armoiries. ℞. IOHANES·DEI·
GRACIA · REX · CASTELLE. Armes de Castille et Léon.
Or. T. B.

88 — Henri IV. *Ducat.* (Heiss, pl. XIII, n° 4.) Or. T. B.

89 — **Rois d'Aragon.** Florin et demi-florin. 4 p. Or. B.

90 — **Rois d'Espagne.** Ferdinand V et Isabelle. *Double ducat*
aux bustes affrontés. Initiale du monnayeur: S. et étoile.
Or. T. B.

91 — Lot de monnaies espagnoles. Ar. B.

PORTUGAL

92 — *Double ducat* de Ferdinand. Or. F. D. C.

93 — *Ducat* d'Émmanuel le Fortuné, roi de Portugal. Or. T. B.

ITALIE

94 — Lot de *grossi* romains : Jules II, Calixte III, etc. Ar. B.

95 — *Sampietrini*. Pie VI. Æ. B.

96 — *Ducat d'or* de Ferdinand Ier d'Aragon, roi de Naples. Or. T. B.

97 — *Ducat* de François Foscari, doge de Venise. Or. T. B.

98 — *Ducat* du grand-maître Jean de la Vallette, à Malte. Or. T. B.

99 à 102 — Lot de monnaies diverses. Or. (3 p.) Ar. et Æ. B.

DEUXIÈME PARTIE

Monnaies appartenant à divers

GRÈCE

103 — **Rois de Thrace.** Lysimaque. Tête d'Alexandre le Grand
à dr. ℞. ΒΑΣΙΛΕΩΣ ΛΥΣΙΜΑΧΟΥ — ΕΥ et ΟΛ. Pallas
assise à g. Ar. T. B.

104 — **Macédoine** (province romaine). *Tétradrachme* à l'inscription ΜΑΚΕΔΟΝΩΝ ΠΡΩΤΗΣ. Ar. B.

105 — **Béotie.** *Tétradrachme.* Bouclier béotien. ℞. ΒΟ-ΙΩ.
Amphore et arc. Ar. B.

ASIE

106 — **Iles de Carie.** Rhodes. *Didr.* 2 p. Ar. T. B.

107 — **Syrie.** Antiochus II Théos. Tête du roi à dr. ℞.
ΒΑΣΙΛΕΩΣ ΑΝΤΙΟΧΟΥ et monogr. Apollon sur *l'om-
phalos.* Ar. B.

AFRIQUE

108 — **Alexandre Aegus.** Tête d'Alexandre couverte d'une
peau d'éléphant. ℞. ΑΛΕΞΑΝΔΡΟΥ. Pallas *Promachos.* Ar.
F. D. C.
> Pièce de la plus grande beauté.

109 — Autre. Ar. F. D. C,

110 — Autre. Ar. F. D. C.

111 — Autre. Ar. T. B.

112 — **Ptolemée I**^{er}. Tête du roi à dr. ; derrière, deux con-
tremarques. ℞. ΠΤΟΛΕΜΑΙΟΥ ΒΑΣΙΛΕΩΣ. Aigle sur un
foudre; devant A. Or. T. B.

113 — Arsinoé (femme de Philadelphe). Tête diadémée et
voilée à dr. ; derrière, K. ℞. ΑΡΣΙΝΟΗΣ ΦΙΛΑΔΕΛΦΟΥ.
Or. F. D. C.

114 — **Cyrénaïque.** Tête de Jupiter Ammon. ℞. Foudre
entre deux étoiles. Or. T. B.

GRANDE GRÈCE

115 — **Campanie**. Au nom des Romains. *Didrachme*. Bifrons.
℞. ROMA. Jupiter dans un quadrige à dr. Ar. B.

116 — ROMANO. Tête d'Apollon à g. ℞. Cheval libre galopant à dr.; au-dessus, un astre. Ar. T. B.

117 — Tête d'Hercule, à dr. ℞. ROMANO. La louve et les
jumeaux. Ar. B.

118 — Cumes. *Didrachme*. Tête de Nymphe, à g. ℞. KVMAION.
Moule surmontée d'un hippocampe. Ar. B.
   Très rare. Sambon, *Monnaies antiques de l'Italie*, n° 274.) Voyez pl. II.

119 — Naples. *Didrachme*. Tête à dr., de style archaïque, la
chevelure ceinte d'un large bandeau. ℞. ΝΕΟΠΟΛΙΤΗΣ.
Taureau androcéphale à dr., couronné par la Victoire.
Ar. B.

120 — Naples. *Didrachme*. Tête de Parthénope à dr.; derrière, osselet. ℞. ΝΕΟΠΟΛΙΤΩΝ. Taureau androcéphale
à dr., couronné par la Victoire. Ar. B.

121 — Nola. *Didrachme*. Tête de Nymphe, à dr. ℞. ΝΩΛΑΙΟΣ.
Taureau androcéphale à dr., couronné par une Victoire.
Ar. A. B.

122 — Nola. *Obole*. Tête d'Apollon à g. ; devant, ΝΩΛΑΙ.

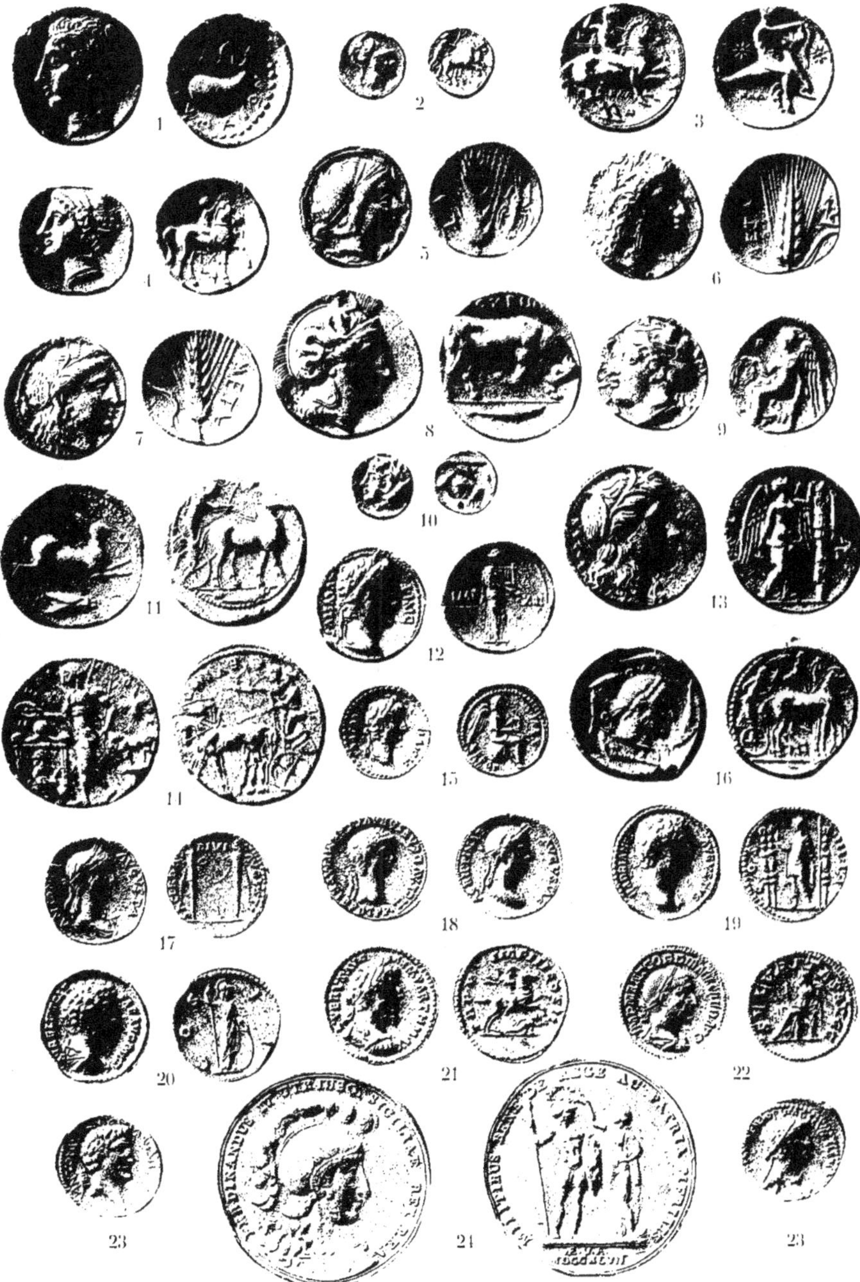

℞. Taureau androcéphale à dr., couronné par la Victoire ;
à l'exergue, **MI**. Ar. B.

Très rare.

123 — Suessa. *Didrachme*. Tête d'Apollon, à dr. ℞. Cavalier
conduisant deux chevaux à g. ; à l'exergue, **SVESANO**. Ar. B.

Très rare.

124 — **Apulie**. Arpi. *Obole*. **A**. Cheval au galop. ℞. **Λ**. Harpon.
Ar. F. D. C.

Très rare.

125 — **Calabre**. Tarente. Tête de Pallas à dr. ℞. Neptune
(ou Taras) conduisant un bige vers la dr. ; dans le champ,
un dauphin. Or. T. B. (Voyez la planche II.)

126 — *Didrachme*. Cavalier arrêté devant un Terme ; sous le
cheval, **HE**. ℞. Taras sur le dauphin, à g., tenant une coupe
de la main dr. étendue. Ar. A. B.

127 — Cavalier lançant son cheval au galop vers la dr., et
levant son bras armé de la lance ; dans le champ, **Ͱ Λ —
ΚΑΛ — Δ**. ℞. **ΤΑΡΑⳉ**. Taras sur le dauphin à dr., dans
une pose méditative, regardant un casque qu'il tient des
deux mains ; de chaque côté, un astre ; au-dessous, **ΚΑΛ**.
Ar. T. B. (Voyez la planche II.)

Pièce très rare et d'une beauté incomparable.

128 — *Didrachme*. Tête de Nymphe, à g., la chevelure dans
un *sakkos*. ℞. Cavalier à dr., couronnant son cheval ; dans
l'exergue, **ΤΑ** et dauphin. Signature, **ϕΙ**. Ar. F. D. C.
(Voyez pl. II.)

129 — Lot de trois pièces. Ar. A. B.

130 — *Didrachme*. Stratège victorieux. Dans le champ, monogramme et **ΚΑΛΛΙΚΡΑΤΗⳉ**. ℞. Taras sur le dauphin, à g.,
tenant, sur la main droite étendue, une Victoire ; dans le
champ, **Νⳛ** et **ΤΑΡΑⳉ**. Ar. T. B.

Rare.

131 — Autre, avec la lég. : ΞΕΝΟΚΡΑΤΗΣ à l'avers, et, au revers, Taras sur le dauphin, nageant au milieu des flots. Ar. T. B.

132 — **Lucanie**. Métaponte. *Didrachme à large flan*. Épi en relief; à dr., META. ℞. Épi en creux. Ar. B.

133 — *Didrachme* (beau style archaïque). Tête de nymphe à dr. ℞. Épi; à g., META; à dr., une sauterelle.

134 — *Didrachme, par Aristoxenos*. Tête de nymphe à dr., dans une couronne de laurier. ℞. Épi; à dr., META; à g., sur la feuille de l'épi, la signature A. Ar. T. B.

135 — *Didrachme, par Aristoxenos*. Même tête à dr., dans une couronne de laurier; sur la tranche du cou, la signature de l'artiste : ΑΡΙΣΤΟ. ℞. Épi; à g., MET; à dr., une écrevisse. Ar. T. B.

136 — *Didrachme, par Aristoxenos*. Tête de Prosérpine à dr.; derrière, un grain d'orge. ℞. Épi; à dr., METΛ. (On trouve souvent l'A renversé dans la légende META, c'est probablement une allusion au nom d'Aristoxenos, l'Évaìnète de Métaponte). Ar. T. B.

137 — *Didrachme*. Tête de Cérès à dr.; devant ΔA. ℞. Épi; à g., META; à dr., soc de charrue et M. Ar. T. B.

138 — *Didrachme*. Tête de Cérès voilée à dr. ℞. Épi; sur la feuille, une souris; dessous, ΦΙ; à g., META. Ar. Λ. B.

139 — *Didrachme*. Tête de Cérès à g. ℞. Épi; à dr., AΔ; à g., META.

140 — Thurium. *Tétradrachme*. Tête de Pallas à dr., le casque orné d'un scylla. ℞. ΘΟΥΡΙΩΝ. Taureau cornupète à dr.; sur la croupe, un A; à l'exergue, un poisson. Pl. II, n° 8. Ar. T. B.

141 — *Didrachme*. Tête de Pallas à dr., le casque orné d'un scylla. ℞. ΘΟΥΡΙΩΝ. Taureau cornupète à dr.; ΜΟΛΟΣΣΟΣ. Ar. A. B.

142 — Posidonia. *Didrachme*. ΓΟΣΕΔΑΝ *(sic)*. Poseidon debout à dr., brandissant son trident, le bras tendu en avant. ℞. ΓΟΣΕΙΔΑΝΙ. Bœuf à g.; au-dessous, un poulpe dont les tentacules s'étendent sur la base. Ar. B.
  Rare.

143 — Sybaris. MV. Bœuf à g. ℞. Même type en creux. Ar. B.

144 — Velia. *Didrachme* (beau style). Tête de Pallas à g., le casque orné d'une couronne de laurier et d'un griffon. ℞. ΥΕΛΗΤΩΝ. Lion terrassant un cerf. Ar. B.

145 — *Didrachme*. Tête de Pallas à dr.; derrière, P. ℞. Lion passant à dr.; au-dessus, φ ; à l'exergue, ΥΕΛΗΤΩΝ. Ar. A. B.

146 — *Didrachme*. Tête de Pallas à dr.; derrière, A. ℞. Lion passant à dr.; au-dessus, I *(dauphin)* φ ; à l'exergue, ΥΕΛΗΤΩΝ. Ar. A. B.

147 — *Didrachme*. Tête de Pallas à g.; sur le casque, φ ; derrière, A P en monogr. ℞. Lion passant à dr.; au-dessus, caducée suspendu à une chaînette; à l'exergue, ΥΕΛΗΤΩΝ. Ar. A. B.

148 — *Didrachme*. Tête de Pallas à g.; sur le casque, un dauphin et φ ; devant, Δ E en monogr. ℞. Lion passant à dr.; au-dessus, φ *(trident)* I ; à l'exergue, ΥΕΛΗΤΩΝ. Ar. B.

  Très rare.

149 — **Bruttium**. Brettii. Buste de la Victoire ℞. ΒΡΕΤ-ΤΙΩΝ-Π. Pan debout. Ar. T. B,

150 — Tête voilée de Thétis. ℞. **BPETTIΩN**. Neptune. Ar.
F. D. C.

151 — Tête de Pallas à dr. ℞. **BPETTIΩN**. Aigle. Ar. T. B.

152 — Tête d'Apollon. ℞. **BPETTIΩN**. Diane. Ar. T. B.

153 — *Diobole*. Tête de Mars à g. ℞. **ƆPETTIΩN** (au pointillé).
Bellone. Æ. T. B.

154 — *Diobole*. Tête de Mars à g., dans une couronne de laurier. ℞. **BPETTIΩN**. Bellone. Æ. T. B.

155 — *Diobole*. Tête d'Hercule, imberbe, à dr. ℞. **BPETTIΩN**.
Bellone. Æ. B.

156 — *Diobole*. Tête de Jupiter. ℞. Aigle. Æ. B.

157 — Croton. *Didrachme à large flan*. **ϘPOTON**. Trépied en
relief. ℞. Trépied en creux. Ar. B.

158 — *Didrachme à large flan*. **ϘPO**. Trépied en relief. ℞. Aigle
au vol en creux. Ar. T. B.

    Rare.

159 — *Didrachme globulaire*. Mêmes types. **OϘϘ**. Ar. T. B.

160 — *Didrachme*. Aigle tenant une branche de laurier dans
ses serres. ℞. Trépied ; à g., **KPO** ; à dr., héron perché
sur un **Δ**. Ar. F. D. C.

161 — *Didrachme*. Tête d'Apollon à dr. (très beau style).
℞. Trépied ; à g., **KPO** ; à dr., branche de laurier ornée
de lemnisques. Ar. T. B.

162 — *Didrachme*. Mêmes types, de style moins beau. Ar. A. B.

163 — Locres. *Didrachme anépigraphe.* Tête de Jupiter à g. (beau style). ℞. Aigle dévorant un lièvre. Ar. T. B.

164 — Mesma. Tête de Pallas à g. ℞. Pégase à g.; au-dessous, ME en monogramme. Ar. B.

    Très rare.

165 — Terina. *Didrachme.* Tête de la nymphe Ligie à dr.; devant, TEPINAION. ℞. Ligie assise, un oiseau sur la main étendue. Ar. B.

166 — *Didrachme.* Tête de Ligie à g.: devant, TEPINAION; derrière, Γ. ℞. Ligie assise à g., tenant une couronne; dans le champ, Γ. Ar. B.

SICILE

167 — Agrigente. *Dilitron.* AKPA. Aigle déchirant un serpent; sur le rocher, deux globules, indices de valeur. ℞. ΣΙΛΑ-ΝΟΣ. Crabe. Or. T. B.

    Très rare.

168 — *Tétradrachme.* Aigle à g.; au pourtour, AKRAC-ANTOΣ en boustrophédon. ℞. Crabe. Ar. T. B.

169 — *Tétradrachme.* Aigle déchirant un lièvre. ℞. Crabe; au-dessous, un poisson. Æ. A. B.

170 — Centuripae. Tête de Koré à g.; au-dessous, un dauphin. ℞. KENTOPIΠINON. Panthère à g. Æ. A. B.

    Très rare.

171 — Gela. *Tétradrachme.* ⊂ΕΛΑΣ. Partie antérieure du taureau androcéphale à dr. ℞. Quadrige victorieux. Ar. B.

172 — *Tétradrachme.* ⊂ΕΛΑΣ. Protomé du taureau androcéphale à dr.; au-dessous, un héron. ℞. Victoire conduisant un bige; au-dessus, une couronne. Ar. A. B.

    De la plus grande rareté et inédite.

173 — *Litra*. 2 p. Ar. B.

174 — Leontini. *Drachme*. Tête d'Apollon à g. ℞. **ᐸEON**. Mufle de lion entre trois grains d'orge. Ar. B.
> Très rare.

175 — Messana. **MEᏕᏕANION**. Lièvre courant à dr.; au-dessous, une mouche. ℞. Bige de mulets. Ar. B.
> Rare.

176 — Naxus. *Litra*. Tête de Dionysos à g. ℞. **NAXION** rétrograde. Grappe de raisin. Ar. B.
> Très rare.

177 — Panorme (Domination carthaginoise). *Statère d'élec-trum*. Tête de Coré à g. ℞. Cheval debout à dr. Él. B.

178 — Même type, mais de style différent. Él. B.

179 — Sélinonte. *Didrachme*. Feuille d'ache. ℞. Carré creux. Ar. B.

180 — *Tétradrachme*. **ᏕEᐸINOᏕ**. Le Dieu-fleuve sacrifiant. ℞. **ᏕEᐸINONTION** (rétrograde). Apollon et Diane dans un quadrige au pas, à gauche. Ar. T. B,

181 — Syracuse. *Quart de statère*. **ᏕYPA**. Tête d'Hercule à g. ℞. Tête de nymphe dans une dépression; autour l'inscr. **ᏕYRA**. Or. F. D. C.

182 — *Tétradrachme*. **ᏕYPA**. Quadrige à dr. ℞. Carré creux; au centre, une tête de femme à g. Ar. T. B.
> Très rare.

183 — *Tétradrachme*. Tête de femme à dr. (beau style archaïque); au pourtour quatre dauphins, et l'insc. **ᏕYRAKOᏕION** rétrograde. ℞. Quadrige victorieux à dr. Ar. F. D. C.

184 — *Tétradrachme, par Eucleidès.* ΣΥΡΑΚΟΣΙΩΝ. Tête de
la nymphe Aréthusa à g., la chevelure flottante. ℞ Quadrige victorieux à g. Ar. T. B.

Très rare.

184 — Agathocle. *Tétradrachme.* ΚΟΡΑΣ. Tête de Coré à
dr. ℞. ΑΓΑΘΟΚΛΕΟΣ. Victoire préparant un trophée ; dans
le champ, la triquetra (pl. II). Ar. T. B.

185 — *Tétradrachme.* ΣΥΡΑ. Tête de Pallas à g. ℞. Étoile et
deux dauphins. Æ. T. B.

Belle patine. G. Br.

186 — Époque de Pyrrhus. Tête de Pallas à droite. ℞.
ΣΥΡΑΚΟΣΙΩΝ. Pégase à g. ; dessus, la triquètre. Ar. T. B.

187 — Philistis. *Tétradrachme.* Tète voilée à gauche.
℞. ΒΑΣΙΛΙΣΣΑΣ ΦΙΛΙΣΤΙΔΟΣ. Quadrige à dr. Ar. F. D. C,

188 — Hiéronymus. Tête du roi à gauche. ℞. ΒΑΣΙΛΕΟΣ
ΙΕΡΩΝΥΜΟΥ — ΜΙ. Foudre ailé. Ar. F. D. C.

MONNAIES ROMAINES

189 — Pompée. *Denier.* MAG·PIVS·IMP ITER. Tète de Pompée
à dr. ℞. PRAEF CLAS ET ORAE MARIT EX·S·C. Sexte
Pompée en Neptune, entre les frères de Catane. Ar. B.

190 — Jules César. *Aureus.* C· CAES DIC· TER. Buste de la
Victoire à dr. ℞. L·PLANC·PR·VRB. Vase à sacrifice.
(Coh., 31.) Or. T. B.

191 — *Denier.* Tête de Jules César à dr., entre une palme et
un caducée ailé. ℞. L·LIVINEIVS REGVLVS. Taureau.
Ar. T. B.

192 — *Denier.* COSTA LEG. Tête. ℞. BRVTVS IMP. Trophée.
Ar. F. D. C.

193 — Brutus. *Denier.* LENTVLVS SPINT. Aiguière et *simpulum.* ℞. BRVTVS. Instruments de sacrifice. Ar. F. D. C.

194 — *Denier.* CASCA LONGVS. Tête de Neptune. ℞. BRVTVS IMP. Victoire. Ar. B.

195 — *Denier.* L · SESTI · PROQ. Tête voilée. ℞. Q · CAEPIO BRVTVS PROCOS. Trépied. Ar. F. D. C.

196 — Marc-Antoine et Octave (Barbatia). *Denier.* Ar. T. B.

197 — Marc-Antoine et L. Antoine. *Denier.* M ANT IMP AVG III VIR · R · P · C · M · NERVA VARRO PROQ · P. Tête de Marc-Antoine à dr. ℞. L · ANTONIVS COS. Tête à dr. Ar. T. B.

198 — Auguste. *Aureus.* AVGVSTVS DIVI · F. Sa tête laurée à dr. (très beau style grec). ℞. IMP. XII — ACT. Apollon Actien debout. Or. B.

199 — Tibère. *Quinaire.* TI · DIVI · F · AVGVSTVS. Sa tête laurée à dr. ℞. TR · POT · XXVI. Victoire assise. (Cohen, 54.) Or. F. D. C. (Voyez pl. II, n° 15.)

200 — Tibère. *Sesterce.* ℞. CIVITATIBVS ASIAE RESTITVTIS. L'Empereur assis à g. Æ. B.

201 — Antonia (femme de Néron Drusus). *Aureus.* ANTONIA AVGVSTA. Buste à dr. ℞. SACERDOS DIVI AVGVSTI. Deux torches allumées, réunies par des bandelettes. (Cohen, 4.) Or. T. B. (Pl. II, n° 17.)

202 — Caligula et Auguste. *Aureus.* C · CAESAR · AVG · GERM · P · M · TR · POT. Tête laurée de Caligula à dr. ℞. DIVVS AVG. PATER PATRIAE. Tête radiée d'Auguste, à dr. (Cohen, 1.) Or. A. B.

Très rare.

203 — Claude Ier. *Aureus.* TI · CLAVD · CAESAR · AVG · PM TR ·
P · XI · IMP · P · P · COS · V. Sa tête laurée à dr. ℞. S · P · Q.
R · P · P · OB · C · S · dans une couronne de chêne. Or. B.

204 — Claude et Néron. *Aureus.* TI · CLAVD · CAESAR · AVG ·
GERM · P · M · TRIB · POT · P · P. Tête laurée de Claude, à dr.
℞. NERO CLAVD. CAES·DRVSVS·GERM·PRINC·IVVENT.
Buste jeune de Néron à g. (Cohen, 4.) Or. B.

205 — Agrippine jeune et Claude. *Aureus.* AGRIPPINAE
AVGVSTAE. Buste d'Agrippine à dr. ℞. TI · CLAVD ·
CAESAR · AVG · GERM · P · M · TRIB · POT · P · P. Tête laurée
de Claude, à dr. (Cohen, 3.) Or. B.

206 — Néron. *Aureus.* NERO CAESAR AVGVSTVS. Sa tête
laurée à dr. ℞. AVGVSTVS AVGVSTA. Néron et l'Abondance debout. Or. B.

207 — *Aureus.* ℞. IVPPITER CVSTOS. Jupiter, assis, à g.
Or. B.

208 — Néron. *Grand bronze.* ℞. ANNONA AVGVSTI CERES
— S · C. Æ. T. B.

209 — *Grand bronze.* ℞. DECVRSIO. Néron à cheval à dr.,
accompagné de deux soldats. Æ. B.

210 — Galba. *Grand bronze.* ℞. S · C. Victoire à g. Æ. B.

211 — Vitellius. *Grand bronze.* Æ. F.

212 — Vespasien, Titus et Domitien. *Denier.* Ar. A. B.

213 — Titus. *Aureus.* T · CAESAR IMP · VESP. Sa tête laurée
à dr. ℞. PONTIF TR POT. La Fortune debout. (Cohen,
165.) Or. T. B.

214 — *Aureus*. T· CAESAR IMP VESPASIANVS. Tête laurée
à d. ℞. COS · VI. Rome assise à dr. Or. B.

215 — JULIE, FILLE DE TITUS. *Denier*. IVLIA AVGVSTA TITI
AVGVSTI F. Buste à dr. ℞. AVGVST SANTA. Venus
Victrix. Ar. B.
> Très rare.

216 — *Grand bronze*. Carpentum. Æ. T. B.

217 — DOMITIEN. *Aureus*. DOMITIANVS CAESAR AVG F.
Tête laurée à dr. ℞. COS V. Sarmate à genoux à dr., présentant une enseigne militaire. (Cohen, 48.) Or. F. D. C.

218 — *Aureus*. DOMITIANVS CAESAR AVG F. Tête laurée à
dr. ℞. COS I̅I̅I̅I̅. Corne d'abondance. (Cohen, 46.) Or. F. D. C.

219 — TRAJAN. *Grand bronze*. IMP CAES NERVA TRAIAN
AVG GERM DACICVS PM. Tête laurée à dr. ℞. TR · P ·
VII · IMP III COS V P · P · - S · C. Rome assise donnant la
main à l'empereur. Æ. T. B.
> Très rare.

220 — HADRIEN. *Aureus*. HADRIANVS AVGVSTVS. Sa tête
nue à dr. ℞. COS · III · P · P. L'empereur debout entre trois
enseignes. Or. T. B.

221 — *Grand bronze*. HADRIANVS AVGVSTVS. Tête laurée
à dr. ℞. COS · III - S · C. Neptune. Æ. T. B.

222 — ANTONIN LE VIEUX. *Aureus*. ℞. VOTA SVSCEPTA DEC
III - COS IIII. L'empereur sacrifiant. Or. T. B.

223 — MARC-AURÈLE. *Aureus*. ℞. COS · II. Pallas debout. Or.
T. B.

224 — FAUSTINE. *Grand bronze*. FAVSTINA AVGVSTA. Buste
à dr. ℞. SAECVLI FELICIT - S · C. Enfants jouant sur un
lit. Æ. T. B.

225 — Lucius Verus. *Aureus.* L · VERVS · AVG ARM PARTH MAX. Buste à dr. ℞. T R · P · V · IMP · III · COS · II. L'empereur à cheval terrassant un ennemi. Or. F. D. C.

226 — Septime-Sévère. *Denier.* ℞. ADVENTVS AVGG. L'empereur à cheval, précédé d'un soldat. Ar. F. D. C.

227 — Geta. *Denier.* ℞. PONTIF · COS · II. L'empereur à cheval, foulant aux pieds un ennemi. Ar. F. D. C.

228 — Macrin. *Denier.* Ar. F. D. C.

229 — *Grand bronze.* ℞. AETERNITAS AVG. Æ. R.

230 — Diadumenien. *Denier.* Ar. F. D. C.

231 — Orbiana. *Denier.* Ar. T. B.

232 — Maximin Ier. *Grand bronze.* ℞. VICTORIA AVG · - S · C. Victoire à dr. Æ. T. B.
Belle patine.

233 — Maxime. *Denier.* ℞. PRINC IVVENTVTIS. Le César debout. Ar. F. D. C.

234 — Gordien d'Afrique. *Denier.* IMP MANT GORDIANVS AFR AVG. Buste lauré à dr. ℞. SECVRITAS AVGG. La Sécurité assise à g. Ar. F. D. C.

235 — Balbin. *Denier.* ℞. PROVIDENTIA DEORVM. La Providence debout. Ar. F. D. C.

236 — Pupien. *Denier.* ℞. PAX PVBLICA. La Paix assise. Ar. F. D. C.

237 — *Grand bronze.* ℞. PAX PVBLICA. La Paix assise. Æ. T. B.

238 — Romulus, fils de Maxence. *Moyen bronze*. Æ. B.

239 — Théodat, roi des Goths. *Moyen bronze*. DN. THEODA-
HATVS REX. Buste à dr. ℞. VICTORIA PRINCIPVM-S·C.
Victoire à dr. Æ. T. B.

MONNAIES
FRANÇAISES ET FRANCO-ITALIENNES

240 — Charlemagne. *Denier*. CAROLVS en deux lignes.
℞. RF et T. Ar. F. D. C.

241 — Charles d'Anjou. *Royal d'or*. + KAROL'. DEI : GRA.
Buste entre une fleur de lis et une rosace. ℞. + REX
SICILIE. Écu fleurdelisé et à lambel. Or. F. D. C.

242 — Louis XII. *Ducat*. LVD' FRAN · REGNIQ · NEAP · R.
Buste à dr. ℞. + PERDAM : BABILLONIS · NOMEN. Écu
fleurdelisé. Or. A. B.

243 — François Ier. *Ecu d'or*. 2 p. Or. T. B.

ITALIE

244 — Lombards. *Tiers de sou*. VI VI VI VI VI VI. Buste à dr.;
devant, B. ℞. OVIVAVNOVIIVIVN. Croix. Or. T. B.

245 — Frédéric II, roi de Sicile. Brindes. *Augustale*. IMP ·
ROM · CESAR AVG. Buste lauré à dr. ℞. + FRIDERICVS.
Aigle. Or. T. B.

246 — Florence. *Florin*. Or. T. B.

247 — Modène. *Pièce de 103 sous*. Obsidionale. Or. T. B.

248 — Rhodes. Gillats. 3 p. Ar. F. D. C.

MÉDAILLES

249 — Louis XIV. Médaille par Hamerlani, de Rome, 1677.
Æ. F. D. C.

250 — Joseph Napoléon. ℞. ORBE MEO — F · DANIEL ·
GRATI · ANIMI · CAVSSA. Æ. F. D. C.
Très rare.

251 — Joseph Napoléon et Julie Marie. ℞. EFFRENIS PARET,
etc. Cheval libre. Æ. F. D. C.

252 — Murat. ℞. La Prise de Capri. Æ. F. D. C.
Superbe exemplaire doré.

253 — ℞. SIC ARTIBVS VENIT HONOS. Minerve assise (avec
bélière). Ar. F. D. C.

254 — La même. Æ. F. D. C.

255 — ℞. ALLE LEGIONI INVINCIBILI, etc. Ar. F. D. C.

256 — Ferdinand Ier, roi de Naples. FERDINANDVS IV ·
VTRIVSQ · SICILIAE · REX · P · F · A. Buste à l'antique
à dr. ℞. MILITIBUS BENE DE REGE AC PATRIA
MERITIS; à l'ex., Æ · V · A. MDCCXCVII. La Vertu couronnant le roi. Or. T. B. (Pl. II, n° 24.)